하나님과 함께하는
자녀기도 노트

김민정 담임 목회자로 6년, 회사 사목으로 8년간 사역했다. 현재는 좋은목회연구소 소장으로 10여 년째 사역 중이다. 삶의 현장에서 어떻게 하면 성도들이 성경적이고 올바른 기도를 통해 하나님을 만날 수 있을까 고민하며 지금까지 수년간 기도문 시리즈를 출간해 왔다. 이번 책에는 두 아들을 키우며 하나님 앞에 나아갔던 부모의 진심 어린 기도를 담아냈다. 부모의 한정된 체력, 경제력, 지혜에서 벗어나 하나님의 양육권을 인정해 가는 과정의 기록이기도 하다. 저서로는 『하나님과 함께하는 출근길 365』, 『하나님과 함께하는 말씀기도 365』, 『이야기로 본 새가족 성경공부』, 『모든 성도는 이제 인대인이다』(이상 생명의말씀사) 등이 있다.

이메일 newsong35@naver.com
좋은목회연구소 www.goodministry.org
유튜브 김민정 목사 TV

하나님과 함께하는
자녀기도 노트

ⓒ 생명의말씀사 2021

2021년 10월 29일 1판 1쇄 발행

펴낸이 | 김창영
펴낸곳 | 생명의말씀사

등록 | 1962. 1. 10. No.300-1962-1
주소 | 서울시 종로구 경희궁1길 6(03176)
전화 | 02)738-6555(본사) · 02)3159-7979(영업)
팩스 | 02)739-3824(본사) · 080-022-8585(영업)

지은이 | 김민정

기획편집 | 서정희, 김호경
디자인 | 박소정
인쇄 | 예원프린팅
제본 | 비춤바인텍

ISBN 978-89-04-17205-4(03230)

저작권자의 허락없이 이 책의 일부 또는 전체를
무단 복제, 전재, 발췌하면 저작권법에 의해 처벌을 받습니다.

하나님과 함께하는
자녀기도
노트

김민정

이 아이를 위하여 내가 기도하였더니

내가 구하여 기도한 바를 여호와께서 내게 허락하신지라

그러므로 나도 그를 여호와께 드리되

그의 평생을 여호와께 드리나이다 하고

그가 거기서 여호와께 경배하니라

(삼상 1:27-28)

들어가는 글

그간 아주 많은 기도문을 써 왔지만, 자녀를 위한 기도문은 정말 어려웠습니다. 그만큼 우리에게 매우 중요하고 자녀에게 중요하기 때문이겠지요. 그래서 더욱 하나님께 진정 올바른 기도를 드리고 싶었습니다. 하나님이 기뻐하시는 기도를 드려야 바른 응답을 받을 테니까요. 그렇게 진심을 담은 기도문을 꾹꾹 눌러쓰면서 하나님 앞에 아비 된, 어미 된 심정을 고스란히 내어놓았습니다.

"부모인 내가 자녀에게 흙탕물을 붓지 않도록 고쳐야 하는 것들과 자녀에게 부어 줄 영적인 맑은 물을 노트에 써 보길 원합니다."

자녀를 위한 기도는 기도에 그치지 않고 그대로 삶이 되어야 하니까요. 때로 무엇이든 여러분의 마음을 솔직하게 써 보십시오. 자녀를 위해 못다 한 기도도 써 보십시오. 기록하는 과정 중에 하나님이 우리의 생각과 마음을 변화시켜 주실 것입니다. 여러분의 노트가 곧 기도가 되어 이를 하나님이 받아 주실 것입니다.

_김민정

Prayer Note

date . . .

나의 자녀가 나의 소유가 아님을 고백합니다.
하나님이 고르고 골라 우리 가정에
선물로 주신 생명임을 믿습니다.
하나님이 주신 자녀이니 하나님의 인도에 따라
양육해야 함을 믿습니다.

- 오늘 내가 버려야 할 흙탕물을 적어 보세요. (자녀를 향한 분노, 욕심 등)

- 오늘 내가 부어야 할 맑은 물을 적어 보세요. (자녀를 향한 격려, 위로 등)

- 하나님 앞에 다시 기도를 정리해 보세요.

2

date . . .

언제나 나의 고통에
귀 기울이셨던 주님을 바라봅니다.
오늘 자녀의 고민에 동참하게 하소서.
몸이 작다고 고민도 작을 것이라
폄하하지 않게 하소서.

- 오늘 내가 버려야 할 흙탕물을 적어 보세요. (자녀를 향한 분노, 욕심 등)

- 오늘 내가 부어야 할 맑은 물을 적어 보세요. (자녀를 향한 격려, 위로 등)

- 하나님 앞에 다시 기도를 정리해 보세요.

Prayer Note

3

date . . .

나의 입술이 지시와 명령으로
가득 차지 않게 하소서.
주인이신 하나님을 밀어내고
내가 그 자리에 앉지 않게 하소서.
자녀의 삶도 예수가 주인이 되게 하소서.

● 오늘 내가 버려야 할 흙탕물을 적어 보세요. (자녀를 향한 분노, 욕심 등)

_____
_____
_____

● 오늘 내가 부어야 할 맑은 물을 적어 보세요. (자녀를 향한 격려, 위로 등)

_____
_____
_____

● 하나님 앞에 다시 기도를 정리해 보세요.

_____
_____
_____
_____

4

date . . .

자녀 가운데 하나님의 형상이 있음에
감사와 찬양을 드립니다.
자녀의 내면 깊은 곳에 담긴
아름다운 성품을 발견하게 하소서.
혹시 나로 인하여 그것이 막혀 있는지
돌아보게 하소서.

- **오늘 내가 버려야 할 흙탕물을 적어 보세요. (자녀를 향한 분노, 욕심 등)**

- **오늘 내가 부어야 할 맑은 물을 적어 보세요. (자녀를 향한 격려, 위로 등)**

- **하나님 앞에 다시 기도를 정리해 보세요.**

Prayer Note

5

date . . .

아버지의 말씀이
자녀의 인생의 길잡이가 되길 원합니다.
부모로서 나의 판단이 잘못되었을 때
주님이 바로잡아 주소서.
교회에 가는 것과 성경을 읽는 것이
즐거움이 되게 하소서.

- **오늘 내가 버려야 할 흙탕물을 적어 보세요.** (자녀를 향한 분노, 욕심 등)

- **오늘 내가 부어야 할 맑은 물을 적어 보세요.** (자녀를 향한 격려, 위로 등)

- **하나님 앞에 다시 기도를 정리해 보세요.**

6

date . . .

기대와 설레는 마음으로 품었던 자녀를
온전히 출산하게 하시니 감사합니다.
때로 자녀가 나를 귀찮게 하는 존재로
여겨질 때마다 회개하게 하소서.
자녀는 나의 부속물이 아니라
귀한 손님이며 축복임을 기억하게 하소서.

- 오늘 내가 버려야 할 흙탕물을 적어 보세요. (자녀를 향한 분노, 욕심 등)

- 오늘 내가 부어야 할 맑은 물을 적어 보세요. (자녀를 향한 격려, 위로 등)

- 하나님 앞에 다시 기도를 정리해 보세요.

Prayer Note

7

date . . .

자녀를 나의 사랑이 아닌
아버지의 사랑으로 사랑하게 하소서.
나의 마음을 근거로 자녀를 책망하지 않게 하소서.
그들의 마음을 들여다보고
그들의 문제를 바라보게 하소서.

● 오늘 내가 버려야 할 흙탕물을 적어 보세요. (자녀를 향한 분노, 욕심 등)

● 오늘 내가 부어야 할 맑은 물을 적어 보세요. (자녀를 향한 격려, 위로 등)

● 하나님 앞에 다시 기도를 정리해 보세요.

8

date . . .

모든 생명이 주님께 있으니
자녀의 건강을 주님께 맡깁니다.
악한 질병과 불의의 사고로부터 안전하게 지켜 주소서.
혹여 어려움을 당할 때
아버지의 주권을 인정하며 다시 일어나게 하소서.

- 오늘 내가 버려야 할 흙탕물을 적어 보세요. (자녀를 향한 분노, 욕심 등)

- 오늘 내가 부어야 할 맑은 물을 적어 보세요. (자녀를 향한 격려, 위로 등)

- 하나님 앞에 다시 기도를 정리해 보세요.

Prayer Note

9

date . . .

부모인 나의 마음에 주님이 가득하게 하소서.
그래서 자녀가 나를 통하여
하나님을 보게 하소서.
말로만 전하는 하나님이 아니라
보고 느끼는 하나님을 만나게 하소서.

- 오늘 내가 버려야 할 흙탕물을 적어 보세요. (자녀를 향한 분노, 욕심 등)

- 오늘 내가 부어야 할 맑은 물을 적어 보세요. (자녀를 향한 격려, 위로 등)

- 하나님 앞에 다시 기도를 정리해 보세요.

date . . .

자녀의 자고 일어남이 큰 은혜임을 고백합니다.
잠이 많다 타박하지만,
잠을 자지 못해 고통스럽지 않으니 감사합니다.
빨리 일어나라 재촉하지만,
건강의 문제가 아니라 단지 늦잠임에 감사합니다.

● 오늘 내가 버려야 할 흙탕물을 적어 보세요. (자녀를 향한 분노, 욕심 등)

● 오늘 내가 부어야 할 맑은 물을 적어 보세요. (자녀를 향한 격려, 위로 등)

● 하나님 앞에 다시 기도를 정리해 보세요.

Prayer Note

date . . .

나의 분주함 때문에
자녀를 소홀히 여기지 않게 하소서.
시간이 중요한 것이 아니라
마음 깊은 공감이 중요한 것임을 기억하게 하소서.
한 번의 눈 맞춤에도 나의 사랑을 듬뿍 담게 하소서.

● 오늘 내가 버려야 할 흙탕물을 적어 보세요. (자녀를 향한 분노, 욕심 등)

● 오늘 내가 부어야 할 맑은 물을 적어 보세요. (자녀를 향한 격려, 위로 등)

● 하나님 앞에 다시 기도를 정리해 보세요.

12

date . . .

자녀에게 모든 것을 허락하는 것만이
사랑의 모습이 아님을 믿습니다.
세상의 지식을 쌓기 전에
하나님을 아는 지식을 가지게 하소서.
가장 온전한 성공은
하나님과 동행하는 삶임을 알게 하소서.

- 오늘 내가 버려야 할 흙탕물을 적어 보세요. (자녀를 향한 분노, 욕심 등)

- 오늘 내가 부어야 할 맑은 물을 적어 보세요. (자녀를 향한 격려, 위로 등)

- 하나님 앞에 다시 기도를 정리해 보세요.

Prayer Note

13

date . . .

자녀의 사는 길에 풍성함을 주시길 소망합니다.
무엇보다 하나님과 동행하는 영적인 풍성함을 약속하소서.
좋은 사람들, 넉넉한 물질 등
가능한 모든 풍성함을 구하고 싶으나
아버지의 손에 맡깁니다.

- 오늘 내가 버려야 할 흙탕물을 적어 보세요. (자녀를 향한 분노, 욕심 등)

- 오늘 내가 부어야 할 맑은 물을 적어 보세요. (자녀를 향한 격려, 위로 등)

- 하나님 앞에 다시 기도를 정리해 보세요.

14

date . . .

자녀가 가는 곳마다 하나님이 주시는
즐거움과 기쁨이 넘치게 하소서.
작은 실수를 웃고 넘길 수 있는 여유를 허락하소서.
악한 영들은 예수의 이름으로
모두 물러가게 하소서.

- 오늘 내가 버려야 할 흙탕물을 적어 보세요. (자녀를 향한 분노, 욕심 등)

- 오늘 내가 부어야 할 맑은 물을 적어 보세요. (자녀를 향한 격려, 위로 등)

- 하나님 앞에 다시 기도를 정리해 보세요.

Prayer Note

15

date . . .

자녀에게 좋은 친구들을 허락하소서.
부모라는 위치 때문에
때로 아이들의 눈높이를 놓칠 때가 많음을 고백합니다.
그들이 숨 쉴 수 있는
좋은 인간관계를 허락하소서.

● **오늘 내가 버려야 할 흙탕물을 적어 보세요.** (자녀를 향한 분노, 욕심 등)

● **오늘 내가 부어야 할 맑은 물을 적어 보세요.** (자녀를 향한 격려, 위로 등)

● **하나님 앞에 다시 기도를 정리해 보세요.**

16

date . . .

자녀가 자신이 얼마나 존귀한 존재인지
끊임없이 느끼길 원합니다.
사랑받아 마땅하며 칭찬받아 마땅한 존재임을 알게 하소서.
누구도 함부로 대할 수 없으며,
자신도 함부로 대하면 안 된다는 것을
가르치게 하소서.

● 오늘 내가 버려야 할 흙탕물을 적어 보세요.(자녀를 향한 분노, 욕심 등)

―――――――――――――――――――――――――――――――
―――――――――――――――――――――――――――――――
―――――――――――――――――――――――――――――――

● 오늘 내가 부어야 할 맑은 물을 적어 보세요.(자녀를 향한 격려, 위로 등)

―――――――――――――――――――――――――――――――
―――――――――――――――――――――――――――――――
―――――――――――――――――――――――――――――――

● 하나님 앞에 다시 기도를 정리해 보세요.

―――――――――――――――――――――――――――――――
―――――――――――――――――――――――――――――――
―――――――――――――――――――――――――――――――
―――――――――――――――――――――――――――――――

Prayer Note

date . . .

날마다 주님의 이름을 부르는 자녀가 되길 원합니다.
살면서 상처 받는 순간들이 많이 있겠지만,
그때마다 주를 부르게 하소서.
인생에 좋은 것만 있지 않음을
받아들이고 성장하게 하소서.

- 오늘 내가 버려야 할 흙탕물을 적어 보세요. (자녀를 향한 분노, 욕심 등)

- 오늘 내가 부어야 할 맑은 물을 적어 보세요. (자녀를 향한 격려, 위로 등)

- 하나님 앞에 다시 기도를 정리해 보세요.

18

date . . .

자녀가 어떤 길이 정말 자신에게 맞는 길인지
밝히 알게 하소서.
부모라는 이유로 그 길을 막아서지 않게 하소서.
자녀가 가장 행복하고,
가장 유능할 수 있는 진로를 찾게 하소서.

- 오늘 내가 버려야 할 흙탕물을 적어 보세요. (자녀를 향한 분노, 욕심 등)

- 오늘 내가 부어야 할 맑은 물을 적어 보세요. (자녀를 향한 격려, 위로 등)

- 하나님 앞에 다시 기도를 정리해 보세요.

Prayer Note

19

date . . .

자녀의 삶이 외롭지 않기를 기도합니다.
장성하여 소중하고 아름다운 배우자를 만나게 하소서.
자신과 타인의 삶을 존중하며
하나님을 사랑하는 배우자를 허락하소서.

● 오늘 내가 버려야 할 흙탕물을 적어 보세요. (자녀를 향한 분노, 욕심 등)

● 오늘 내가 부어야 할 맑은 물을 적어 보세요. (자녀를 향한 격려, 위로 등)

● 하나님 앞에 다시 기도를 정리해 보세요.

---

date . . .

자녀가 어려운 순간에 망설이지 않고
부모와 대화하게 하소서.
말하지 않은 자녀의 탓이 아니라,
말을 못 하게 만든 부모의 탓임을 회개합니다.
그들이 모든 죄를 가지고 품에 안길 수 있는
너그러운 부모가 되게 하소서.

● 오늘 내가 버려야 할 흙탕물을 적어 보세요. (자녀를 향한 분노, 욕심 등)

___

___

___

● 오늘 내가 부어야 할 맑은 물을 적어 보세요. (자녀를 향한 격려, 위로 등)

___

___

___

● 하나님 앞에 다시 기도를 정리해 보세요.

___

___

___

___

Prayer Note

21

date . . .

사랑하는 자녀에게 아버지의 지혜를 부어 주소서.
부모인 내가 세상의 것을 배우게 하는 데
혈안이 되어 있음을 회개합니다.
어두워지는 세상의 가치관 속에서
자녀가 온전한 지혜를 갖게 하소서.

- 오늘 내가 버려야 할 흙탕물을 적어 보세요. (자녀를 향한 분노, 욕심 등)

- 오늘 내가 부어야 할 맑은 물을 적어 보세요. (자녀를 향한 격려, 위로 등)

- 하나님 앞에 다시 기도를 정리해 보세요.

date . . .

자녀를 향한 첫 마음을 기억하게 하소서.
아이를 낳을 때는 그저 건강하기만 간절히 바랐는데,
크면서 마음이 변합니다.
끝도 없는 기도 제목이
과연 옳은 것인지 돌아보게 하소서.

- 오늘 내가 버려야 할 흙탕물을 적어 보세요. (자녀를 향한 분노, 욕심 등)

- 오늘 내가 부어야 할 맑은 물을 적어 보세요. (자녀를 향한 격려, 위로 등)

- 하나님 앞에 다시 기도를 정리해 보세요.

Prayer Note

23

date . . .

자녀가 죄의 노예가 되지 않게 하소서.
간혹 죄를 지을 수는 있으나
예수의 피로 벗어나는 능력을 허락하소서.
그들의 마음 가운데 참된 샬롬이 임하게 하소서.

- 오늘 내가 버려야 할 흙탕물을 적어 보세요. (자녀를 향한 분노, 욕심 등)

- 오늘 내가 부어야 할 맑은 물을 적어 보세요. (자녀를 향한 격려, 위로 등)

- 하나님 앞에 다시 기도를 정리해 보세요.

24

date . . .

내가 살아온 인생이 다가 아님을
주님 앞에 인정합니다.
내가 했던 삶의 실수를 만회하려고
자녀에게 내 기대를 강요하지 않게 하소서.
자녀의 삶의 주인은
하나님과 그들 자신임을 인정합니다.

- 오늘 내가 버려야 할 흙탕물을 적어 보세요. (자녀를 향한 분노, 욕심 등)

- 오늘 내가 부어야 할 맑은 물을 적어 보세요. (자녀를 향한 격려, 위로 등)

- 하나님 앞에 다시 기도를 정리해 보세요.

Prayer Note

25

date . . .

우리 가정이 서로 사랑하길 원합니다.
하나님이 말로만 우리를 사랑하지 않으신 것처럼
우리도 행함으로 하길 원합니다.
자녀를 대할 때 하나님이 나에게 하신 것처럼
먼저 안아 주게 하소서.

- 오늘 내가 버려야 할 흙탕물을 적어 보세요. (자녀를 향한 분노, 욕심 등)

- 오늘 내가 부어야 할 맑은 물을 적어 보세요. (자녀를 향한 격려, 위로 등)

- 하나님 앞에 다시 기도를 정리해 보세요.

26

date . . .

자녀가 이 혼란한 시대에
분별의 능력을 갖길 원합니다.
다른 사람들의 눈치를 보느라
하나님을 무시하지 않게 하소서.
남들에게 인정받기 위해
자신을 무시하지 않게 하소서.

- 오늘 내가 버려야 할 흙탕물을 적어 보세요. (자녀를 향한 분노, 욕심 등)

- 오늘 내가 부어야 할 맑은 물을 적어 보세요. (자녀를 향한 격려, 위로 등)

- 하나님 앞에 다시 기도를 정리해 보세요.

Prayer Note

27

date . . .

사랑하는 자녀에게
일평생 건강함을 허락하소서.
건강한 육체 가운데 더욱 건강한 영혼을 허락하소서.
그들의 마음이 병들지 않도록
하나님이 함께하여 주소서.

- 오늘 내가 버려야 할 흙탕물을 적어 보세요. (자녀를 향한 분노, 욕심 등)

- 오늘 내가 부어야 할 맑은 물을 적어 보세요. (자녀를 향한 격려, 위로 등)

- 하나님 앞에 다시 기도를 정리해 보세요.

date . . .

자녀의 하루하루가
기쁘고 감사한 날이 되기를 원합니다.
그들의 현재가 아름답게 쌓여 가도록
부모인 우리가 돕게 하소서.
부모가 상처를 주는 주체자가 되지 않게 하소서.

- 오늘 내가 버려야 할 흙탕물을 적어 보세요. (자녀를 향한 분노, 욕심 등)

- 오늘 내가 부어야 할 맑은 물을 적어 보세요. (자녀를 향한 격려, 위로 등)

- 하나님 앞에 다시 기도를 정리해 보세요.

Prayer Note

29

date . . .

나의 관점으로 자녀를 판단하거나
틀에 끼워 넣지 않게 하소서.
아이가 즐겁게 놀 때 그것으로
아이를 나태하다 판단하지 않게 하소서.
건강한 성인이 되기 위해
지금 사랑, 용납, 행복의 토대를 만들어 주게 하소서.

- 오늘 내가 버려야 할 흙탕물을 적어 보세요. (자녀를 향한 분노, 욕심 등)

- 오늘 내가 부어야 할 맑은 물을 적어 보세요. (자녀를 향한 격려, 위로 등)

- 하나님 앞에 다시 기도를 정리해 보세요.

date . . .

사랑하는 자녀가
함께 사는 법을 잘 배우길 원합니다.
배려하고 양보하는 법을 배우게 하소서.
그것이 빼앗기는 것이 아니라
나누는 기쁨이라는 것을 알게 하소서.

- 오늘 내가 버려야 할 흙탕물을 적어 보세요. (자녀를 향한 분노, 욕심 등)

- 오늘 내가 부어야 할 맑은 물을 적어 보세요. (자녀를 향한 격려, 위로 등)

- 하나님 앞에 다시 기도를 정리해 보세요.

Prayer Note

31

date . . .

자녀에게 사람들을 선한 곳으로
인도하는 리더십을 주소서.
만약 리더십이 없다면
화목하고 선한 마음을 주소서.
하나님이 주신 공동의 삶의 섭리 안에서
선한 역할을 하게 하소서.

● 오늘 내가 버려야 할 흙탕물을 적어 보세요. (자녀를 향한 분노, 욕심 등)

_____

_____

● 오늘 내가 부어야 할 맑은 물을 적어 보세요. (자녀를 향한 격려, 위로 등)

_____

_____

● 하나님 앞에 다시 기도를 정리해 보세요.

_____

_____

_____

date . . .

자녀가 피하고 도망가는 인생을
살지 않게 하여 주소서.
자녀의 삶이 용감하고
도전하며 긍정적이길 원합니다.
어떤 상황에서도 주도적인
인생이 되게 하소서.

● 오늘 내가 버려야 할 흙탕물을 적어 보세요. (자녀를 향한 분노, 욕심 등)

● 오늘 내가 부어야 할 맑은 물을 적어 보세요. (자녀를 향한 격려, 위로 등)

● 하나님 앞에 다시 기도를 정리해 보세요.

Prayer Note

33

date . . .

사랑하는 자녀가 하나님 안에서
회복하는 법을 배우게 하소서.
쇼핑으로, 폭식으로, 폭음으로, 잠적으로,
분노로 풀지 않게 하소서.
자녀의 마음에 평안을 주는 존재가
주님이 되게 하소서.

- **오늘 내가 버려야 할 흙탕물을 적어 보세요.** (자녀를 향한 분노, 욕심 등)

- **오늘 내가 부어야 할 맑은 물을 적어 보세요.** (자녀를 향한 격려, 위로 등)

- **하나님 앞에 다시 기도를 정리해 보세요.**

34

date . . .

부모의 안타까움이
자녀의 주도성을 빼앗지 않게 하소서.
자녀의 삶도 실수할 권리가 있음을
인정하게 하소서.
그리고 용감하게 다시 일어서는 법을
가르치게 하소서.

- 오늘 내가 버려야 할 흙탕물을 적어 보세요. (자녀를 향한 분노, 욕심 등)

- 오늘 내가 부어야 할 맑은 물을 적어 보세요. (자녀를 향한 격려, 위로 등)

- 하나님 앞에 다시 기도를 정리해 보세요.

Prayer Note

35

date . . .

하나님 안에 모든 가능성이 있음을 믿습니다.
아버지께서 포기하지 않으셨는데,
부모인 내가 먼저 포기하지 않게 하소서.
자녀가 하나님의 형상을 닮았다면
반드시 그들의 내면도 그러하리라 믿습니다.

● 오늘 내가 버려야 할 흙탕물을 적어 보세요. (자녀를 향한 분노, 욕심 등)

● 오늘 내가 부어야 할 맑은 물을 적어 보세요. (자녀를 향한 격려, 위로 등)

● 하나님 앞에 다시 기도를 정리해 보세요.

36

date . . .

자녀가 크신 아버지의 마음을 닮아
세상을 넓게 보기를 원합니다.
다른 사람들의 형편과 사정을 바라볼 수 있는
긍휼의 눈을 허락하소서.
남을 위한 삶에 인색하지 않아
주변이 행복한 사람이 되게 하소서.

- 오늘 내가 버려야 할 흙탕물을 적어 보세요. (자녀를 향한 분노, 욕심 등)

- 오늘 내가 부어야 할 맑은 물을 적어 보세요. (자녀를 향한 격려, 위로 등)

- 하나님 앞에 다시 기도를 정리해 보세요.

Prayer Note

37

date   .   .   .

나의 자녀가 이렇게 살아갔으면 하는 모습이 있다면
내가 먼저 그리 살게 하소서.
내가 안 되는 것을 자녀에게 강요하지 않게 하소서.
가장 먼저 우리 가정이
화목의 본이 되기를 원합니다.

- **오늘 내가 버려야 할 흙탕물을 적어 보세요. (자녀를 향한 분노, 욕심 등)**

- **오늘 내가 부어야 할 맑은 물을 적어 보세요. (자녀를 향한 격려, 위로 등)**

- **하나님 앞에 다시 기도를 정리해 보세요.**

---

date . . .

자녀의 삶이 날마다
기쁜 날이 되게 하소서.
실패가 끝이 아니라 배움임을 알게 하소서.
나 역시 그들의 실수를 인정하고
즐거워하는 부모가 되기를 원합니다.

- 오늘 내가 버려야 할 흙탕물을 적어 보세요. (자녀를 향한 분노, 욕심 등)

- 오늘 내가 부어야 할 맑은 물을 적어 보세요. (자녀를 향한 격려, 위로 등)

- 하나님 앞에 다시 기도를 정리해 보세요.

Prayer Note

39

date . . .

조금 더 아버지께 맡기겠습니다.
이 아이를 어떻게 만드셨는지 알려 주소서.
소중한 한 영혼의 인생의 향방이
감히 내 손에 있지 않게 하소서.

- 오늘 내가 버려야 할 흙탕물을 적어 보세요. (자녀를 향한 분노, 욕심 등)

- 오늘 내가 부어야 할 맑은 물을 적어 보세요. (자녀를 향한 격려, 위로 등)

- 하나님 앞에 다시 기도를 정리해 보세요.

40

date . . .

자연과 만물을 만드시고
그것을 인간에게 선물로 주신 아버지 감사합니다.
사랑스러운 아이로 크게 하시고,
따뜻한 어른으로 자라게 하소서.
바람의 시원함, 나뭇잎의 싱그러움, 하늘의 높음, 땅의 포근함,
생물의 신비함을 알게 하소서.

- 오늘 내가 버려야 할 흙탕물을 적어 보세요. (자녀를 향한 분노, 욕심 등)

- 오늘 내가 부어야 할 맑은 물을 적어 보세요. (자녀를 향한 격려, 위로 등)

- 하나님 앞에 다시 기도를 정리해 보세요.

Prayer Note

41

date . . .

자녀의 이름을 불러
이 땅에 오게 하셨음을 믿습니다.
그 부르심에 합당한 삶을 살게 하소서.
무슨 일을 하든지, 어떤 목표를 갖든지
그 안에 아버지의 뜻이 있게 하소서.

- 오늘 내가 버려야 할 흙탕물을 적어 보세요. (자녀를 향한 분노, 욕심 등)

- 오늘 내가 부어야 할 맑은 물을 적어 보세요. (자녀를 향한 격려, 위로 등)

- 하나님 앞에 다시 기도를 정리해 보세요.

42

date . . .

사랑할 만한 일을 해야 사랑하겠다는
잘못된 마음을 버리게 하소서.
자녀의 단점에 집중해
종일 그것만 묵상하고 있었음을 회개합니다.
사랑이라는 이름으로 약점을 노출하고
자극하며 고치려 했음을 회개합니다.

● 오늘 내가 버려야 할 흙탕물을 적어 보세요. (자녀를 향한 분노, 욕심 등)

● 오늘 내가 부어야 할 맑은 물을 적어 보세요. (자녀를 향한 격려, 위로 등)

● 하나님 앞에 다시 기도를 정리해 보세요.

Prayer Note

43

date . .

자녀에게 탐욕적인 손길을
거절할 용기를 주소서.
정의롭게 하시고 공의롭게 하소서.
악의 길에서 일평생 벗어나
주의 길을 따르는 자가 되게 하소서.

- 오늘 내가 버려야 할 흙탕물을 적어 보세요. (자녀를 향한 분노, 욕심 등)

- 오늘 내가 부어야 할 맑은 물을 적어 보세요. (자녀를 향한 격려, 위로 등)

- 하나님 앞에 다시 기도를 정리해 보세요.

44

date . . .

서로의 다름이 잘못된 것이 아니라
원래 하나님의 뜻임을 인정합니다.
다른 아이들과 같지 않은 나의 자녀 때문에
두려워했던 것을 회개합니다.
똑같은 인생을 살게 하려고
자녀의 모든 개성을 제거하지 않게 하소서.

- 오늘 내가 버려야 할 흙탕물을 적어 보세요. (자녀를 향한 분노, 욕심 등)

- 오늘 내가 부어야 할 맑은 물을 적어 보세요. (자녀를 향한 격려, 위로 등)

- 하나님 앞에 다시 기도를 정리해 보세요.

Prayer Note

45

date . . .

우리가 쓰러졌을 때
붙잡아 일으키시는 아버지 감사합니다.
내가 했던 실수를 반복하기에
나의 자녀이고 인생임을 인정합니다.
다만 그들이 다시 일어나는 모습도
우리처럼 하나님 때문이게 하소서.

● 오늘 내가 버려야 할 흙탕물을 적어 보세요. (자녀를 향한 분노, 욕심 등)

● 오늘 내가 부어야 할 맑은 물을 적어 보세요. (자녀를 향한 격려, 위로 등)

● 하나님 앞에 다시 기도를 정리해 보세요.

date . . .

부모라 할지라도
도울 수 있는 것에 한계가 있음을 고백합니다.
그들이 세상에서 무엇을 하는지
전혀 알 수 없는 것이 인간입니다.
주님이 그들의 마음 깊은 곳마다,
그들이 가는 곳마다 동행하여 주소서.

- 오늘 내가 버려야 할 흙탕물을 적어 보세요. (자녀를 향한 분노, 욕심 등)

- 오늘 내가 부어야 할 맑은 물을 적어 보세요. (자녀를 향한 격려, 위로 등)

- 하나님 앞에 다시 기도를 정리해 보세요.

Prayer Note

47

date . . .

우리의 몸은 육체를 가지고 살지만
모든 순간 영적인 존재임을 기억하게 하소서.
우리 가정이 육체적인 공동체만이 아니라
영적인 공동체가 되길 원합니다.
육신의 책임과 세상의 성공만을 나누는 관계로
전락하지 않게 하소서.

- **오늘 내가 버려야 할 흙탕물을 적어 보세요. (자녀를 향한 분노, 욕심 등)**

- **오늘 내가 부어야 할 맑은 물을 적어 보세요. (자녀를 향한 격려, 위로 등)**

- **하나님 앞에 다시 기도를 정리해 보세요.**

date . . .

자녀에게 숨겨진 죄가 있거든 주님 용서하여 주소서.
그들에게 아직 신앙의 기준이 서지 않았으니
그들의 부족함을 돌보소서.
크고 작은 죄악들을 모두 주님 앞에 가지고 가서
회개하게 하소서.

● 오늘 내가 버려야 할 흙탕물을 적어 보세요. (자녀를 향한 분노, 욕심 등)

● 오늘 내가 부어야 할 맑은 물을 적어 보세요. (자녀를 향한 격려, 위로 등)

● 하나님 앞에 다시 기도를 정리해 보세요.

Prayer Note

49

date . . .

자녀가 혹여 질병에 걸릴 때
주님께서 치유하여 주소서.
모든 것을 피해가길 소망하지만
모든 순간 그럴 수 없음을 인정합니다.
건강과 재난과 사고에 대하여
자만하며 방만하지 않게 하소서.

- 오늘 내가 버려야 할 흙탕물을 적어 보세요. (자녀를 향한 분노, 욕심 등)

- 오늘 내가 부어야 할 맑은 물을 적어 보세요. (자녀를 향한 격려, 위로 등)

- 하나님 앞에 다시 기도를 정리해 보세요.

50

date . . .

자녀가 그들의 마음과 입술로
예수를 그리스도라 선명하게 고백하게 하소서.
무엇보다 예배를 소중히 여기는 신앙을 허락하소서.
예수 그리스도를 믿는 것이 얼마나 참되고 기쁜 일인지
가정에서 먼저 배우게 하소서.

- 오늘 내가 버려야 할 흙탕물을 적어 보세요. (자녀를 향한 분노, 욕심 등)

- 오늘 내가 부어야 할 맑은 물을 적어 보세요. (자녀를 향한 격려, 위로 등)

- 하나님 앞에 다시 기도를 정리해 보세요.

Prayer Note

51

date . . .

자녀가 하나님이 주시는 마음을 받아
자신의 길을 발견하게 하소서.
그들에게 선한 소원을 허락하소서.
조급함을 버리고 늦어도
올바른 길을 찾게 하소서.

- 오늘 내가 버려야 할 흙탕물을 적어 보세요. (자녀를 향한 분노, 욕심 등)

- 오늘 내가 부어야 할 맑은 물을 적어 보세요. (자녀를 향한 격려, 위로 등)

- 하나님 앞에 다시 기도를 정리해 보세요.

52

date . . .

다니엘의 총명함이 그의 영혼과
세상에서의 영향력을 모두 갖게 한 것처럼
그 지혜의 순서가 바뀌지 않게 하소서.
신앙이 좋아지면 세상에서 무능할 것이라는
착각을 버리게 하소서.

- 오늘 내가 버려야 할 흙탕물을 적어 보세요. (자녀를 향한 분노, 욕심 등)

- 오늘 내가 부어야 할 맑은 물을 적어 보세요. (자녀를 향한 격려, 위로 등)

- 하나님 앞에 다시 기도를 정리해 보세요.

Prayer Note

53

date . . .

자녀가 성장을 했기 때문에
반항도 할 수 있음을 받아들이게 하소서.
자기주장이 강해지고 말을 안 듣는 시기를 지나야
성숙할 수 있음을 믿게 하소서.
자라기를 원하면서 변화는 싫어하는
모순에 빠지지 않게 하소서.

- 오늘 내가 버려야 할 흙탕물을 적어 보세요. (자녀를 향한 분노, 욕심 등)

- 오늘 내가 부어야 할 맑은 물을 적어 보세요. (자녀를 향한 격려, 위로 등)

- 하나님 앞에 다시 기도를 정리해 보세요.

54

date . . .

자녀가 감정을 표현하는 법을 배우게 하소서.
하나님이 주신 언어가
그들에게 축복으로 아름답게 하소서.
그러기 위해 오늘 내가 그들에게
사랑의 언어로 표현하길 원합니다.

- 오늘 내가 버려야 할 흙탕물을 적어 보세요. (자녀를 향한 분노, 욕심 등)

- 오늘 내가 부어야 할 맑은 물을 적어 보세요. (자녀를 향한 격려, 위로 등)

- 하나님 앞에 다시 기도를 정리해 보세요.

Prayer Note

55

date . . .

내가 아이를 평가하는 그 잣대로
자녀가 자신을 평가할까 두렵습니다.
좋아지라고 했던 그 지적으로
그들의 자존감이 무너지고 있음을 알게 하소서.
최고의 선물인 자녀를 있는 그대로
사랑하고 감사하고 찬양하게 하소서.

- 오늘 내가 버려야 할 흙탕물을 적어 보세요. (자녀를 향한 분노, 욕심 등)

___

___

___

- 오늘 내가 부어야 할 맑은 물을 적어 보세요. (자녀를 향한 격려, 위로 등)

___

___

___

- 하나님 앞에 다시 기도를 정리해 보세요.

___

___

___

___

56

date . . .

자녀가 자신에게 주어진 모든 것을
남들과 비교하지 않게 하소서.
자신이 바꿀 수 없는 것에 대해 불평하느라
시간을 낭비하지 않게 하소서.
사람들이 판단하는 외모, 돈, 성적의 기준에
함몰되지 않게 하소서.

- 오늘 내가 버려야 할 흙탕물을 적어 보세요. (자녀를 향한 분노, 욕심 등)

- 오늘 내가 부어야 할 맑은 물을 적어 보세요. (자녀를 향한 격려, 위로 등)

- 하나님 앞에 다시 기도를 정리해 보세요.

Prayer Note

57

date . .

자녀가 하나님을 경외하는 사람이 되기를 원합니다.
세상의 시류와 상관없이
언제나 하나님을 경배하는 삶을 살게 하소서.
때를 얻든지 못 얻든지 복음을 전하고
예배하고 찬양하게 하소서.

- 오늘 내가 버려야 할 흙탕물을 적어 보세요. (자녀를 향한 분노, 욕심 등)

- 오늘 내가 부어야 할 맑은 물을 적어 보세요. (자녀를 향한 격려, 위로 등)

- 하나님 앞에 다시 기도를 정리해 보세요.

58

date   .   .   .

자녀의 삶 속에 일어나는 사건, 사고들 앞에서
너무 겁먹지 않게 하소서.
하나님이 개입하시는 그런 사건들 속에서
자라게 하시고 깨닫게 하소서.
부모의 말로만 모든 것을 가르치려는
욕심을 버리게 하소서.

- 오늘 내가 버려야 할 흙탕물을 적어 보세요. (자녀를 향한 분노, 욕심 등)

- 오늘 내가 부어야 할 맑은 물을 적어 보세요. (자녀를 향한 격려, 위로 등)

- 하나님 앞에 다시 기도를 정리해 보세요.

Prayer Note

59

date . . .

자녀가 살아가며 아버지께 기도할 때 응답하소서.
그들의 기도가 잘못되었다면 거절의 응답을 하시고,
올바르거든 허락의 응답을 하여 주소서.
혹여 기도의 응답이 더디더라도
기다리는 믿음을 허락하소서.

- 오늘 내가 버려야 할 흙탕물을 적어 보세요. (자녀를 향한 분노, 욕심 등)

- 오늘 내가 부어야 할 맑은 물을 적어 보세요. (자녀를 향한 격려, 위로 등)

- 하나님 앞에 다시 기도를 정리해 보세요.

60

date . . .

사랑하는 자녀의 귀를 열어 주소서.
아버지께서 주시는 깨달음들이
언제나 원활할 수 있게 하소서.
그들의 마음이 활짝 열려
배움의 자세로 일평생을 살게 하소서.

- 오늘 내가 버려야 할 흙탕물을 적어 보세요. (자녀를 향한 분노, 욕심 등)

- 오늘 내가 부어야 할 맑은 물을 적어 보세요. (자녀를 향한 격려, 위로 등)

- 하나님 앞에 다시 기도를 정리해 보세요.

Prayer Note

61

date . . .

하나님의 부르심으로 존재하는 우리가
언젠가는 사명을 위해 부름을 받을 줄 믿습니다.
자녀가 살아가면서 아버지의 특별한 부르심 앞에 설 때
망설이지 않게 하소서.
말로만 하나님의 뜻이 옳다 하고
자신의 이익과 직면할 때 도피하지 않게 하소서.

- **오늘 내가 버려야 할 흙탕물을 적어 보세요.** (자녀를 향한 분노, 욕심 등)

- **오늘 내가 부어야 할 맑은 물을 적어 보세요.** (자녀를 향한 격려, 위로 등)

- **하나님 앞에 다시 기도를 정리해 보세요.**

---

date . . .

자녀를 위해 기도한다고 하면서
언제나 이 세상의 복만 구했음을 용서하소서.
돈을 풍족하게 누리기를 원하고,
똑똑하여 인정도 받기를 원합니다.
그러나 가장 윤택한 모든 것들도
하나님 없이는 허무한 것임을 기억하게 하소서.

- 오늘 내가 버려야 할 흙탕물을 적어 보세요. (자녀를 향한 분노, 욕심 등)

- 오늘 내가 부어야 할 맑은 물을 적어 보세요. (자녀를 향한 격려, 위로 등)

- 하나님 앞에 다시 기도를 정리해 보세요.

Prayer Note

63

date . .

사랑하는 자녀의 삶 속에
아버지의 청명한 빛이 필요합니다.
사탄의 유혹과 미혹하게 하는 것들로부터
속히 벗어나게 하소서.
말씀이 우리 아이의 발을 반석같이
든든하게 받치게 하소서.

- 오늘 내가 버려야 할 흙탕물을 적어 보세요. (자녀를 향한 분노, 욕심 등)

- 오늘 내가 부어야 할 맑은 물을 적어 보세요. (자녀를 향한 격려, 위로 등)

- 하나님 앞에 다시 기도를 정리해 보세요.

64

date . . .

어쩌면 자녀의 실패에
가장 민감한 사람은 부모인지도 모릅니다.
먼저 부모인 우리가 쉽게 털고 일어나
아낌없이 칭찬하게 하소서.
승리의 하나님을 믿고 언제나
새롭게 도전하는 자녀가 되게 하소서.

● 오늘 내가 버려야 할 흙탕물을 적어 보세요. (자녀를 향한 분노, 욕심 등)

● 오늘 내가 부어야 할 맑은 물을 적어 보세요. (자녀를 향한 격려, 위로 등)

● 하나님 앞에 다시 기도를 정리해 보세요.

Prayer Note

65

date . . .

부모에게 자녀를 올바로 가르치고
인도할 능력을 허락하여 주소서.
인격적으로 부족하고 양육에 미숙함을 고백합니다.
그들의 육체의 건강만큼이나
영적인 건강을 위해 노력하게 하소서.

- 오늘 내가 버려야 할 흙탕물을 적어 보세요. (자녀를 향한 분노, 욕심 등)

- 오늘 내가 부어야 할 맑은 물을 적어 보세요. (자녀를 향한 격려, 위로 등)

- 하나님 앞에 다시 기도를 정리해 보세요.

66

date . . .

자녀의 인생 가운데
마르지 않는 샘물이 흐르기를 원합니다.
인생의 가뭄을 만날지라도
그들의 뿌리가 주님의 샘물에 닿게 하소서.
보이지 않는 그 뿌리가
영원한 공급처가 되게 하소서.

- 오늘 내가 버려야 할 흙탕물을 적어 보세요. (자녀를 향한 분노, 욕심 등)

- 오늘 내가 부어야 할 맑은 물을 적어 보세요. (자녀를 향한 격려, 위로 등)

- 하나님 앞에 다시 기도를 정리해 보세요.

Prayer Note

67

date . . .

자녀에게 아버지께서 주신 모든 것에 감사하며
그것을 지켜 나갈 좋은 습관을 주소서.
그래서 잃어버린 다음에 후회하는 것이 아니라
가진 것에 감사하게 하소서.
지킬 줄 아는 자가 되어 가진 것을 나누게 하소서.

● 오늘 내가 버려야 할 흙탕물을 적어 보세요. (자녀를 향한 분노, 욕심 등)

___

___

___

● 오늘 내가 부어야 할 맑은 물을 적어 보세요. (자녀를 향한 격려, 위로 등)

___

___

___

● 하나님 앞에 다시 기도를 정리해 보세요.

___

___

___

___

date . .

자녀가 성장하며 아름다운 추억을 많이 만들길 원합니다.
어쩌면 언젠가는 보지 못할 아름다운 것들을 두고
자녀를 시멘트 벽에 가두지 않게 하소서.
인간이 만든 세상보다
하나님이 만든 세상을 먼저 누리게 하소서.

- 오늘 내가 버려야 할 흙탕물을 적어 보세요. (자녀를 향한 분노, 욕심 등)

- 오늘 내가 부어야 할 맑은 물을 적어 보세요. (자녀를 향한 격려, 위로 등)

- 하나님 앞에 다시 기도를 정리해 보세요.

Prayer Note

69

date . . .

영적인 유산을 남기는 부모가 되길 원합니다.
훗날 그들이 부모를 기억할 때,
그 품에서 들었던 하나님의 이야기를 기억하게 하소서.
눈물 흘리며 자녀를 위해
기도했던 부모의 음성이
그들을 고난에서 버티게 하소서.

● 오늘 내가 버려야 할 흙탕물을 적어 보세요. (자녀를 향한 분노, 욕심 등)
___
___
___

● 오늘 내가 부어야 할 맑은 물을 적어 보세요. (자녀를 향한 격려, 위로 등)
___
___
___

● 하나님 앞에 다시 기도를 정리해 보세요.
___
___
___
___

70

date . . .

내가 인생을 살 때 힘들었던 선택의 길들이
자녀에게도 동일하게 있습니다.
아버지, 그들도 힘들 줄 압니다.
그 길 가운데 서서 혼란스러워할 때,
주님이 그 마음에 말씀하여 주소서.

- 오늘 내가 버려야 할 흙탕물을 적어 보세요. (자녀를 향한 분노, 욕심 등)

- 오늘 내가 부어야 할 맑은 물을 적어 보세요. (자녀를 향한 격려, 위로 등)

- 하나님 앞에 다시 기도를 정리해 보세요.

Prayer Note

71

date . . .

때와 기한은 아버지께 있음을 믿습니다.
다른 아이들보다 조금 늦을 수 있고,
때로 빠를 수 있지만 두려워하지 않게 하소서.
일희일비하는 감정의 끈을 내려놓고
평안의 줄을 붙들게 하소서.

● 오늘 내가 버려야 할 흙탕물을 적어 보세요. (자녀를 향한 분노, 욕심 등)
___
___
___

● 오늘 내가 부어야 할 맑은 물을 적어 보세요. (자녀를 향한 격려, 위로 등)
___
___
___

● 하나님 앞에 다시 기도를 정리해 보세요.
___
___
___
___

72

date . . .

좋은 학원에 보내면
좋은 부모인 것 같은 착각을 합니다.
그들의 외적인 조건들이
잘 채워져 간다고 안심하지 않게 하소서.
그들의 내적인 조건들이
잘 채워지도록 기도하고 애쓰게 하소서.

- 오늘 내가 버려야 할 흙탕물을 적어 보세요. (자녀를 향한 분노, 욕심 등)

- 오늘 내가 부어야 할 맑은 물을 적어 보세요. (자녀를 향한 격려, 위로 등)

- 하나님 앞에 다시 기도를 정리해 보세요.

Prayer Note

73

date . . .

세상을 살다 보면
아이를 들고 뛰는 부모들로 인해 조급해집니다.
주님의 등을 바라보며 걷는 부모가 되게 하소서.
자녀에게 인생에서 하나님을 제치고
달려가지 않는 법을 가르치게 하소서.

● 오늘 내가 버려야 할 흙탕물을 적어 보세요. (자녀를 향한 분노, 욕심 등)

● 오늘 내가 부어야 할 맑은 물을 적어 보세요. (자녀를 향한 격려, 위로 등)

● 하나님 앞에 다시 기도를 정리해 보세요.

---

date . . .

아담에게 하와를 허락하셨듯이,
서로 의지하고 사랑할 사람을 준비해 주소서.
어디에선가 성장하고 있을 자녀의 배우자를 위해 기도합니다.
육체적인 성장만이 아니라
영적으로 성장하여 만나게 하소서.

- 오늘 내가 버려야 할 흙탕물을 적어 보세요.(자녀를 향한 분노, 욕심 등)

- 오늘 내가 부어야 할 맑은 물을 적어 보세요.(자녀를 향한 격려, 위로 등)

- 하나님 앞에 다시 기도를 정리해 보세요.

Prayer Note

75

date . . .

가정의 언어가
하나님의 말씀을 닮아가길 원합니다.
다른 사람을 폄하하거나 무시하지 않는
성품과 언어를 허락하소서.
아름다운 말이 자녀의 힘과 자산이 되기를 소망합니다.

- 오늘 내가 버려야 할 흙탕물을 적어 보세요. (자녀를 향한 분노, 욕심 등)

- 오늘 내가 부어야 할 맑은 물을 적어 보세요. (자녀를 향한 격려, 위로 등)

- 하나님 앞에 다시 기도를 정리해 보세요.

76

date . . .

받는 것에 익숙하여,
주는 법을 모르는 아이가 되지 않게 하소서.
자신이 감당해야 하는 책임을 회피하지 않게 하소서.
매일 해야 하는 일들을 즐거이 행하는
성실함을 허락하소서.

- 오늘 내가 버려야 할 흙탕물을 적어 보세요. (자녀를 향한 분노, 욕심 등)

- 오늘 내가 부어야 할 맑은 물을 적어 보세요. (자녀를 향한 격려, 위로 등)

- 하나님 앞에 다시 기도를 정리해 보세요.

Prayer Note

77

date . . .

똑같은 일상을 살아도
부정적이지 않고 명랑하게 하소서.
삶을 해석할 때 어두운 면보다
밝은 면을 보는 아이가 되게 하소서.
실패를 당할 때 넘어진 자리에 머물기보다
일어날 곳을 바라보게 하소서.

- 오늘 내가 버려야 할 흙탕물을 적어 보세요. (자녀를 향한 분노, 욕심 등)

- 오늘 내가 부어야 할 맑은 물을 적어 보세요. (자녀를 향한 격려, 위로 등)

- 하나님 앞에 다시 기도를 정리해 보세요.

78

date . . .

자녀의 선택 속에 하나님이 함께하여 주소서.
온종일 직면하는 선택들 앞에서
선악과를 따먹지 않게 하소서.
그리고 하나님의 지혜로 인해
부모보다 더 지혜로운 자녀가 되게 하소서.

- 오늘 내가 버려야 할 흙탕물을 적어 보세요. (자녀를 향한 분노, 욕심 등)

- 오늘 내가 부어야 할 맑은 물을 적어 보세요. (자녀를 향한 격려, 위로 등)

- 하나님 앞에 다시 기도를 정리해 보세요.

Prayer Note

79

date . . .

하나님 앞에 있는 가정이 되길 원합니다.
자녀만 잘 되는 것이 아니라
부모도 잘 되는 가정이 되길 원합니다.
가족 모두가 하나님 앞에
쓰임 받는 가정이 되게 하소서.

- **오늘 내가 버려야 할 흙탕물을 적어 보세요. (자녀를 향한 분노, 욕심 등)**

- **오늘 내가 부어야 할 맑은 물을 적어 보세요. (자녀를 향한 격려, 위로 등)**

- **하나님 앞에 다시 기도를 정리해 보세요.**

date . . .

하나님처럼 만물을 사랑하고
돌보는 마음을 갖게 하소서.
자녀가 좋은 리더가 되기를 기도합니다.
함께하는 사람을 돌보는 마음으로
인도하는 성품을 허락하소서.

- 오늘 내가 버려야 할 흙탕물을 적어 보세요. (자녀를 향한 분노, 욕심 등)

- 오늘 내가 부어야 할 맑은 물을 적어 보세요. (자녀를 향한 격려, 위로 등)

- 하나님 앞에 다시 기도를 정리해 보세요.

Prayer Note

81

date . . .

어떤 마음으로 자녀를 빚으셨을지
기대하고 기도합니다.
그들은 어떤 재능을 가지고 있으며
어떤 생각을 하며 살고 있나요?
다 아는 척했지만 사실 아무것도 모르오니
순간순간 깨닫게 하소서.

- 오늘 내가 버려야 할 흙탕물을 적어 보세요. (자녀를 향한 분노, 욕심 등)

- 오늘 내가 부어야 할 맑은 물을 적어 보세요. (자녀를 향한 격려, 위로 등)

- 하나님 앞에 다시 기도를 정리해 보세요.

---

date . . .

나로부터 출발하지 않고
자녀로부터 다시 출발하겠습니다.
그들의 마음 가운데 있는 고통과 어려움에서
다시 출발하게 하소서.
전혀 예상하지 못했던 실마리를 찾기 위해
모든 선입견을 내려놓게 하소서.

- 오늘 내가 버려야 할 흙탕물을 적어 보세요. (자녀를 향한 분노, 욕심 등)

- 오늘 내가 부어야 할 맑은 물을 적어 보세요. (자녀를 향한 격려, 위로 등)

- 하나님 앞에 다시 기도를 정리해 보세요.

Prayer Note

83

date . . .

자녀의 원망 소리를 들을 때 인내하게 하소서.
그들의 반항의 크기만큼
내 사랑이 필요하다는 고백임을 알아듣게 하소서.
그들이 나를 이렇게 필요로 한다는 것이
희망이 되어 다시 일어서게 하소서.

- **오늘 내가 버려야 할 흙탕물을 적어 보세요.** (자녀를 향한 분노, 욕심 등)

- **오늘 내가 부어야 할 맑은 물을 적어 보세요.** (자녀를 향한 격려, 위로 등)

- **하나님 앞에 다시 기도를 정리해 보세요.**

84

date . . .

자녀가 세상의 수많은
볼거리와 들을 거리 속에서
가장 큰 평안을 주시는
주님의 목소리를 듣게 하소서.
매일 말씀하여 주소서. 우리가 듣겠나이다.

- 오늘 내가 버려야 할 흙탕물을 적어 보세요. (자녀를 향한 분노, 욕심 등)

- 오늘 내가 부어야 할 맑은 물을 적어 보세요. (자녀를 향한 격려, 위로 등)

- 하나님 앞에 다시 기도를 정리해 보세요.

Prayer Note

85

date . . .

사랑하는 자녀의 일상에 웃음이 넘치길 원합니다.
그들이 가장 좋아하는 일을 찾고,
그 일을 하며 만족하길 원합니다.
주어진 분깃에 만족하며
감사하는 사람이 되게 하소서.

- 오늘 내가 버려야 할 흙탕물을 적어 보세요. (자녀를 향한 분노, 욕심 등)

- 오늘 내가 부어야 할 맑은 물을 적어 보세요. (자녀를 향한 격려, 위로 등)

- 하나님 앞에 다시 기도를 정리해 보세요.

자녀가 우리 집에 태어나길 잘했다는
생각을 하는 가정이 되게 하소서.
작은 것이라도 도울 수 있도록 자녀와 대화하기를 원합니다.
그들의 표현 방식에 집중하지 않고
표현하려는 마음에 집중하겠습니다.

- 오늘 내가 버려야 할 흙탕물을 적어 보세요. (자녀를 향한 분노, 욕심 등)

- 오늘 내가 부어야 할 맑은 물을 적어 보세요. (자녀를 향한 격려, 위로 등)

- 하나님 앞에 다시 기도를 정리해 보세요.

Prayer Note

87

date . . .

인생이 얼마나 버거운 것인지 알기에
자녀를 위해 날마다 기도합니다.
그들이 이겨 내야 할 세상에서 힘을 주소서.
부모의 여정이 자녀에게 용기가 되게 하소서.

- 오늘 내가 버려야 할 흙탕물을 적어 보세요. (자녀를 향한 분노, 욕심 등)

- 오늘 내가 부어야 할 맑은 물을 적어 보세요. (자녀를 향한 격려, 위로 등)

- 하나님 앞에 다시 기도를 정리해 보세요.

date . . .

자녀가 온전한 성인으로
사회에서 살아갈 날을 꿈꾸게 하소서.
멋진 성인이 되어 하나님을 찬양하며
선하고 아름다운 일을 할 것을 기대합니다.
그 과정에서 성장해 가는 모든 순간을
즐기고 누리는 부모가 되게 하소서.

- 오늘 내가 버려야 할 흙탕물을 적어 보세요. (자녀를 향한 분노, 욕심 등)

___

- 오늘 내가 부어야 할 맑은 물을 적어 보세요. (자녀를 향한 격려, 위로 등)

___

- 하나님 앞에 다시 기도를 정리해 보세요.

___

Prayer Note

89

date . . .

여호수아와 같은 용기를 허락하소서.
한나와 같은 기도의 삶을 허락하소서.
역사 속 신앙인들의 모습을 통해
자신의 부족함을
채울 줄 아는 아이가 되게 하소서.

- 오늘 내가 버려야 할 흙탕물을 적어 보세요. (자녀를 향한 분노, 욕심 등)

- 오늘 내가 부어야 할 맑은 물을 적어 보세요. (자녀를 향한 격려, 위로 등)

- 하나님 앞에 다시 기도를 정리해 보세요.

90

date . . .

자녀가 실수할 때
손뼉을 쳐 줄 수 있게 하소서.
실수하기 전에 했던
그 용감한 선택을 칭찬하게 하소서.
실수에서 자유하게 하소서.

- 오늘 내가 버려야 할 흙탕물을 적어 보세요. (자녀를 향한 분노, 욕심 등)

- 오늘 내가 부어야 할 맑은 물을 적어 보세요. (자녀를 향한 격려, 위로 등)

- 하나님 앞에 다시 기도를 정리해 보세요.

Prayer Note

91

date . .

돈은 있다가도 없을 수 있으나
구원은 영원한 것임을 기억합니다.
아버지여, 영적인 유산을 풍성히 가진 부모가 되어
그 풍성함을 물려주게 하소서.
가진 것이 없이 어찌 물려줄 것이 있겠습니까.

- **오늘 내가 버려야 할 흙탕물을 적어 보세요.** (자녀를 향한 분노, 욕심 등)

- **오늘 내가 부어야 할 맑은 물을 적어 보세요.** (자녀를 향한 격려, 위로 등)

- **하나님 앞에 다시 기도를 정리해 보세요.**

92

date . . .

자녀에게 사람을 위로할 줄 아는
마음을 허락하소서.
잘못한 사람을 용서할 줄 아는
너그러운 사람이 되게 하소서.
그 사람됨의 향기가 어느 곳에서든지
아름답게 퍼지게 하소서.

● 오늘 내가 버려야 할 흙탕물을 적어 보세요. (자녀를 향한 분노, 욕심 등)

● 오늘 내가 부어야 할 맑은 물을 적어 보세요. (자녀를 향한 격려, 위로 등)

● 하나님 앞에 다시 기도를 정리해 보세요.

Prayer Note

93

date . . .

자녀의 진정한 목마름을 접하여도
부어 줄 생수가 없음을 고백합니다.
어쩌면 나는 오히려 그들의 목마름을
더욱 부추길지도 모르겠습니다.
자녀와 함께 생수의 근원이 되시는
주님께 나아가게 하소서.

● 오늘 내가 버려야 할 흙탕물을 적어 보세요. (자녀를 향한 분노, 욕심 등)

● 오늘 내가 부어야 할 맑은 물을 적어 보세요. (자녀를 향한 격려, 위로 등)

● 하나님 앞에 다시 기도를 정리해 보세요.

94

date . . .

나의 삶을 이끌며 사는 것도
때로 혼란스럽고 어려웠습니다.
하물며 귀한 자녀로 주신 생명을
인도하는 것이 참으로 어렵습니다.
아버지의 도우심이 없으면
할 수 없는 일임을 고백합니다.

- 오늘 내가 버려야 할 흙탕물을 적어 보세요. (자녀를 향한 분노, 욕심 등)

- 오늘 내가 부어야 할 맑은 물을 적어 보세요. (자녀를 향한 격려, 위로 등)

- 하나님 앞에 다시 기도를 정리해 보세요.

Prayer Note

95

date . . .

오늘 자녀를 향한 나의 마음을 새롭게 하소서.
감사가 없어졌음을 용서하소서.
자녀의 존재와 건강만으로
기뻐하고 기뻐하던 마음을 회복하게 하소서.

- **오늘 내가 버려야 할 흙탕물을 적어 보세요.** (자녀를 향한 분노, 욕심 등)

- **오늘 내가 부어야 할 맑은 물을 적어 보세요.** (자녀를 향한 격려, 위로 등)

- **하나님 앞에 다시 기도를 정리해 보세요.**

96

date . . .

자녀의 세대를 읽을 수 없는 무지함을 살펴 주소서.
그들의 언어와 그들의 생각을 이해할 수 있는
소통의 길을 열어 주소서.
이 세대를 이끌고 계시는
아버지의 지혜가 오늘 저에게 필요합니다.

● 오늘 내가 버려야 할 흙탕물을 적어 보세요. (자녀를 향한 분노, 욕심 등)

● 오늘 내가 부어야 할 맑은 물을 적어 보세요. (자녀를 향한 격려, 위로 등)

● 하나님 앞에 다시 기도를 정리해 보세요.

Prayer Note

97

date . . .

아버지의 사랑이 우리 모두의 자존감임을 찬양합니다.
살면서 자녀에게 열등감이 찾아올 때
이 자존감을 기억하게 하소서.
사람의 인정도 중요하지만,
혹여 그것을 받지 못해 낙망할 때 기억하게 하소서.

- 오늘 내가 버려야 할 흙탕물을 적어 보세요. (자녀를 향한 분노, 욕심 등)

- 오늘 내가 부어야 할 맑은 물을 적어 보세요. (자녀를 향한 격려, 위로 등)

- 하나님 앞에 다시 기도를 정리해 보세요.

98

date . . .

이 세상 수억만 개의 나뭇잎조차
하나도 같은 것이 없음을 압니다.
우리 아이가 자신의 독특함을
아름답게 여기게 하소서.
그것이 하나님의 창조의 질서이며
뜻임을 받아들이길 원합니다.

- 오늘 내가 버려야 할 흙탕물을 적어 보세요. (자녀를 향한 분노, 욕심 등)

- 오늘 내가 부어야 할 맑은 물을 적어 보세요. (자녀를 향한 격려, 위로 등)

- 하나님 앞에 다시 기도를 정리해 보세요.

Prayer Note

99

date . . .

우리를 버려두지 않으시고
날마다 만나고 동행하길 원하시는 아버지 감사합니다.
자녀가 속히 영적인 눈을 떠서
곁에 계신 하나님을 보게 하소서.
그들이 혼자 있을 때
버려졌다고 생각하지 않게 도와주소서.

● **오늘 내가 버려야 할 흙탕물을 적어 보세요.** (자녀를 향한 분노, 욕심 등)

● **오늘 내가 부어야 할 맑은 물을 적어 보세요.** (자녀를 향한 격려, 위로 등)

● **하나님 앞에 다시 기도를 정리해 보세요.**

date . . .

이 세상 가운데 살게 하셨으니
이 세상에서 승리하게 하소서.
세상과 대적하는 것이 아니라
세상과 더불어 살게 하소서.
하나님이 주신 생명이 다하는 날까지
선하고 아름다운 삶을 영위하게 하소서.

- 오늘 내가 버려야 할 흙탕물을 적어 보세요. (자녀를 향한 분노, 욕심 등)

- 오늘 내가 부어야 할 맑은 물을 적어 보세요. (자녀를 향한 격려, 위로 등)

- 하나님 앞에 다시 기도를 정리해 보세요.

사명선언문

너희가 흠이 없고 순전하여……세상에서 그들 가운데 빛들로
나타내며 생명의 말씀을 밝혀 _ 빌 2:15-16

1. 생명을 담겠습니다
만드는 책에 주님 주신 생명을 담겠습니다.
그 책으로 복음을 선포하겠습니다.

2. 말씀을 밝히겠습니다
생명의 근본은 말씀입니다.
말씀을 밝혀 성도와 교회의 성장을 돕겠습니다.

3. 빛이 되겠습니다
시대와 영혼의 어두움을 밝혀 주님 앞으로 이끄는
빛이 되는 책을 만들겠습니다.

4. 순전히 행하겠습니다
책을 만들고 전하는 일과 경영하는 일에 부끄러움이 없는
정직함으로 행하겠습니다.

5. 끝까지 전파하겠습니다
모든 사람에게, 땅 끝까지, 주님 오시는 그날까지
복음을 전하는 사명을 다하겠습니다.

서점 안내

광화문점 서울시 종로구 새문안로 69 구세군회관 1층
02)737-2288 / 02)737-4623(F)

강남점 서울시 서초구 신반포로 177 반포쇼핑타운 3동 2층
02)595-1211 / 02)595-3549(F)

구로점 서울시 동작구 시흥대로 602, 3층 302호
02)858-8744 / 02)838-0653(F)

노원점 서울시 노원구 동일로 1366 삼봉빌딩 지하 1층
02)938-7979 / 02)3391-6169(F)

분당점 경기도 성남시 분당구 황새울로 315 대현빌딩 3층
031)707-5566 / 031)707-4999(F)

일산점 경기도 고양시 일산서구 중앙로 1391 레이크타운 지하 1층
031)916-8787 / 031)916-8788(F)

의정부점 경기도 의정부시 청사로47번길 12 성산타워 3층
031)845-0600 / 031)852-6930(F)

인터넷서점 www.lifebook.co.kr